Duden

Deutsch und ich

Mein Wissensheft

Erarbeitet von Birgitt Carstens

Unter Beratung von Prof. Dr. Hartmut Günther

Duden Schulbuchverlag
Berlin, Mannheim

Silben und das Abc

Silben

Wörter kannst du beim Sprechen in **Silben** zerlegen.
Jede Silbe hat einen **Selbstlaut (Vokal)**:

der St**i**ft, die Bl**u** m**e**, die Kr**o** k**o** d**i** l**e**

Alle anderen Laute sind **Mitlaute (Konsonanten)**.

Am Zeilenende kannst du ein Wort nach einer **Silbe** mit einem **Trennstrich** trennen:

das Kin-der-zim-mer
die Pau-sen-hal-le

Das Abc

Um Wörter zu schreiben, brauchst du die Buchstaben aus dem Abc. Das **Abc** nennt man auch **Alphabet**:

A a B b C c D d E e F f G g H h J j K k L l M m N n
O o P p Qu qu R r S s T t U u V v W w X x Y y Z z

Alphabet ist ein altes griechisches Wort. Alpha und Beta heißen die ersten beiden Buchstaben im griechischen Abc.

Wörter werden nach dem Abc geordnet:

Ali, **B**oris, **C**eline, **D**ana ...

Sind die ersten Buchstaben gleich, wird nach dem zweiten Buchstaben geordnet:

A**l**i, A**m**elie, A**n**na ...

Laute und Buchstaben

Die Selbstlaute (Vokale)

a, **e**, **i**, **o**, **u** sind besondere Buchstaben.
Sie heiβen **Selbstlaute**.
Man nennt sie auch **Vokale**.

Die Umlaute

ä, **ö**, **ü** sind Selbstlaute (Vokale) mit Pünktchen.
Sie heiβen **Umlaute**.

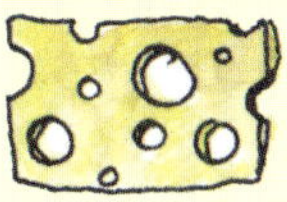

der K**ä**se

der L**ö**we

die T**ü**te

Was hat sich hier an dem Selbstlaut (Vokal) geändert?
Beschreibe mit eigenen Worten.

der K**o**ch → die K**ö**che

die K**u**h → die K**ü**he

____

____

____

Die Zwielaute

au, **äu**, **ei**, **eu** sind Selbstlaute (Vokale)
mit zwei Buchstaben.
Sie heiβen **Zwielaute**.

Die Mitlaute (Konsonanten)

Alle Buchstaben, die keine **Selbstlaute (Vokale)** sind, heißen **Mitlaute (Konsonanten)**.

Einige **Mitlaute (Konsonanten)** klingen ähnlich. Sprich ein Wort deutlich, bevor du es schreibst. Wenn du unsicher bist, bilde das Gegenwort.

Wörter mit b oder p?

b und **p** klingen ähnlich.
Achte auf eine deutliche Aussprache:

Heißt es das **B**aket oder das **P**aket? → das **P**aket
Heißt es die Ga**b**el oder die Ga**p**el? → die Ga**b**el

Wörter mit g oder k?

g und **k** klingen ähnlich. Achte auf eine deutliche Aussprache. Schreibe die Wörter auf.

____

Wörter mit d oder t?

d und **t** klingen ähnlich. Achte auf eine deutliche Aussprache. Schreibe die Wörter auf.

____

Buchstabenverbindungen

Wörter mit sch oder ch?

Manchmal klingen **sch** und **ch** ähnlich.
Achte auf eine deutliche Aussprache:

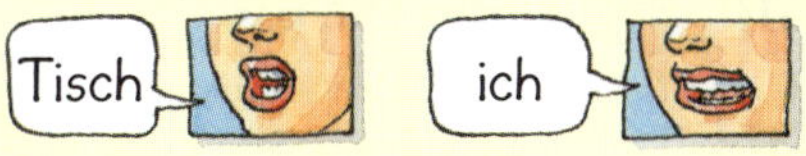

Das ch kann unterschiedlich klingen.
ch klingt wie bei dem **ach**-Laut: die Su**ch**e, lo**ch**en, wa**ch**
ch klingt wie bei dem **ich**-Laut: der Teppi**ch**, schlei**ch**en, rei**ch**

Wenn du unsicher bist, bilde das Gegenwort.

die Ta**sche** oder die Ta**ch**e?
rei**ch** oder rei**sch**?

Wörter mit ng oder nk?

Bei **ng** sprichst du einen Laut,
schreibst aber zwei Buchstaben.

die Za**ng**e, spri**ng**en, ju**ng**

Bei **nk** sprichst du zwei Laute
und schreibst zwei Buchstaben.

der O**nk**el, wi**nk**en, kra**nk**

Um zu hören, ob du ein Wort mit **ng** oder **nk**
schreiben musst, kannst du das Wort **verlängern**:

sie de**nk**t → de**nk**en
ein Gesche**nk** → viele Gesche**nk**e
schla**nk** → schla**nk**er

er schwi**ng**t → schwi**ng**en
ein Ri**ng** → viele Ri**ng**e
e**ng** → die e**ng**e Straße

Wörter mit st und sp

Sprichst du am Wortanfang **scht**, schreibst du **st**:

der **St**ern, **st**ehen, **st**eil

Sprichst du am Wortanfang **schp**, schreibst du **sp**:

der **Sp**iegel, **sp**rechen, **sp**itz

Wörter mit qu

Sprichst du am Wortanfang **kw**, schreibst du **qu**.
Nach dem **qu** folgt immer ein Selbstlaut (Vokal):

die **Qu**alle, **qu**aken, **qu**er

Wörter mit **qu** musst du dir merken.

Wörter mit pf

Wörter mit **Pf** am Wortanfang sind schwierig:

die **Pf**anne

das **Pf**erd

Wörter mit **pf** musst du dir merken.

Bei Wörtern mit **pf** am Wortende kannst du das **pf** durch Verlängern hörbar machen:

ein Kno**pf** → viele Knö**pf**e
er zu**pf**t → zu**pf**en
stum**pf** → das stum**pf**e Messer

Schwierige Laute und Buchstaben

Wörter mit x, chs und ks

Bei Wörtern mit **x**, **chs** und **ks** hörst du immer **ks**:

die He**x**e der Fu**chs** der Ke**ks**

Wörter mit **x**, **chs** und **ks** musst du dir merken.

Wörter aus fremden Sprachen

Viele Wörter stammen aus anderen Sprachen.

das T-Shirt die Jeans

Wörter aus anderen Sprachen musst du in der Wörterliste unter ähnlich klingenden Buchstaben suchen.

Was wünschst du dir zum Geburtstag? Schreibe eine Liste.
Welche Wörter stammen aus einer anderen Sprache?

Wörter mit v

v wird in den meisten Wörtern wie **f** gesprochen:

der **V**ogel

der **V**ater

vier

In einigen Wörtern wird **v** wie **w** gesprochen:

der **V**ampir

die **V**ase

Wörter mit **v** musst du dir merken.

Kennst du weitere Wörter mit **v**?
Ordne sie in die Tabelle ein.

v klingt wie **f**	**v** klingt wie **w**

Die Wortbausteine **ver-** und **vor-** werden mit **v** geschrieben:

vertrauen, **ver**brennen, **vor**stellen,
der **Vor**rat, die **Ver**antwortung, das **Ver**bot

Wörter mit ß

Der **zischende s-Laut** nach langem Selbstlaut (Vokal) wird mit **ß** geschrieben:

die Stra**ß**e, wir rei**ß**en, drau**ß**en

Wörter mit s

Der **summende s-Laut** nach langem Selbstlaut wird mit **s** geschrieben:

die Na**s**e, wir le**s**en, lei**s**e

Wörter mit ß oder s am Wortende?

Am Wortende hörst du immer einen **zischenden s-Laut**. **Verlängere** die Wörter, dann kannst du hören, ob der **s-Laut** summt oder zischt:

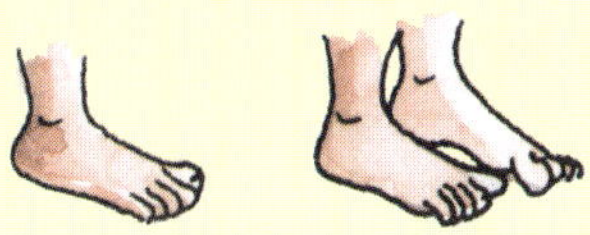

der Fuß → die Füße

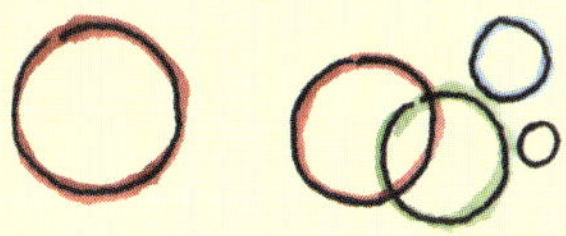

der Kreis → die Kreise

Musst du **s** oder **ß** am Wortende schreiben?
Verlängere und schreibe das verlängerte Wort auf.

der Hal? → ____________________ der Gru? → ____________________

das Flo? → ____________________ das Hau? → ____________________

Verwandte Wörter mit ä und äu

Das **a** kann in verwandten Wörtern zu **ä** werden.
Das **au** kann in verwandten Wörtern zu **äu** werden:

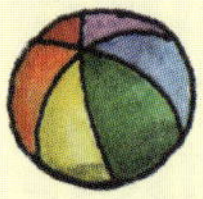

ein B**a**ll ↔ zwei B**ä**lle eine M**au**s ↔ zwei M**äu**se

Bilde die **Einzahl**, um zu entscheiden, ob man ein **Nomen (Substantiv)** mit **e** oder **ä** bzw. mit **eu** oder **äu** schreibt.

Welche dieser Nomen (Substantive) schreibst du mit **ä** oder **äu**? Kreuze an.

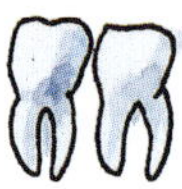
☐

☐

☐

☐

Bilde die **Grundform** oder **-stufe**, um zu entscheiden, ob man ein **Verb** oder **Adjektiv** mit **e** oder **ä** bzw. **eu** oder **äu** schreibt:

er f**ä**ngt → f**a**ngen, sie schl**ä**ft → schl**a**fen
es s**äu**ft → s**au**fen

w**ä**rmer → w**a**rm, l**ä**nger → l**a**ng, k**ä**lter → k**a**lt

Bei einigen Wörtern kannst du kein verwandtes Wort mit **a** finden. Diese Wörter musst du dir **merken**:

der B**ä**r, der K**ä**fig, der K**ä**se,
die S**ä**ge,
das M**ä**dchen, das M**ä**rchen

Verwandte Wörter mit b, d, g am Wortende

b oder **p** am Ende?
g oder **k** am Ende?
d oder **t** am Ende?

Wenn du ein Wort **verlängerst**, kannst du hören,
ob du am Ende **b** oder **p**, **g** oder **k**, **d** oder **t** schreiben musst.

Bilde bei **Nomen (Substantiven)** die **Mehrzahl**:

ein Kor**b** → viele Kör**be**
ein Zwer**g** → viele Zwer**ge**
ein Bil**d** → viele Bil**der**

Bilde bei **Verben** die **Grundform** mit **-en**:

sie to**bt** → to**ben**
er flie**gt** → flie**gen**
sie fan**d** → fin**den**

Bilde bei **Adjektiven** die **Vergleichsstufe** oder setze die
Adjektive vor ein **Nomen (Substantiv)**:

lie**b** → das lie**be** Kind
klu**g** → klü**ger**
wil**d** → der wil**de** Löwe

Schau dir die Wörter genau an. Was musst du tun, bevor du
diese Wörter verlängern kannst?

das Bur tor

der Han schuh

Lange und kurze Selbstlaute (Vokale)

Selbstlaute (Vokale) können lang und kurz klingen.
Sprich die Wörter deutlich und hör genau hin. Sagst du

Nuuuuudel oder **Nuddddd**el?

Mach die Fingerprobe:

die Nudel
langer Selbstlaut

die Lampe
kurzer Selbstlaut

Endet eine **Silbe** mit einem **Selbstlaut (Vokal)**, so klingt der **Selbstlaut (Vokal) lang**:

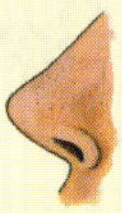

die Na se

die Fe der

die Ho se

Endet eine **Silbe** mit einem **Mitlaut (Konsonanten)**, so klingt der **Selbstlaut (Vokal) kurz**:

die Ker ze

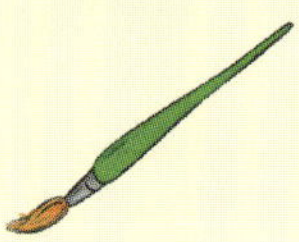

der Pin sel

die Wol ke

Klingt der Selbstlaut (Vokal) lang oder kurz? Kreuze an.

☐ lang ☐ kurz

☐ lang ☐ kurz

☐ lang ☐ kurz

☐ lang ☐ kurz

In dieser Tabelle kannst du Wörter mit langen und kurzen Selbstlauten (Vokalen) sammeln.

Die erste Silbe endet mit einem Selbstlaut (Vokal). Der Selbstlaut (Vokal) ist lang.	Die erste Silbe endet mit einem Mitlaut (Konsonant). Der Selbstlaut (Vokal) ist kurz.
die Blu me	die But ter

Kurze Selbstlaute (Vokale)

Wörter mit zwei Mitlauten (Konsonanten)

1 2
3 4

Nach einem **kurzen Selbstlaut (Vokal)** in der ersten **Silbe** schreiben wir **zwei** Mitlaute (Konsonanten):

die Ke**rz**e — die Wo**lk**e — die La**mp**e
1 2 — 1 2 — 1 2

Wörter mit doppeltem Mitlaut (Konsonant)

1 2
3 4

Hörst du nach einem **kurzen Selbstlaut (Vokal)** nur einen Mitlaut (Konsonant), dann **verdopple** ihn beim Schreiben, damit du wieder zwei hast:

die Kette — die Puppe — die Trommel
-t- — -p- — -m-
die Ke**tt**e — die Pu**pp**e — die Tro**mm**el

Oft muss du ein Wort **verlängern**, um herauszufinden, ob du einen Mitlaut (Konsonant) verdoppeln musst:

ein Schiff → viele Schi**ff**e, eine Nuss → viele Nü**ss**e
sie rennt → re**nn**en, er will → wo**ll**en
hell → he**ll**er, nett → die ne**tt**e Verkäuferin

Denke dir einen gruseligen Satz mit diesen Wörtern aus:

das Geisterschloss — die Kette — der Schlüssel

____

____

Wörter mit ck und tz

Hörst du im **Wortstamm** einen **kurzen Selbstlaut (Vokal)** und als Mitlaut (Konsonant) danach nur ein **k**, schreibst du **ck**:

die Glo**cke**

der Ro**ck**

die Brü**cke**

Ein **ck** ist die Verdoppelung von **k**.

Hörst du im **Wortstamm** einen **kurzen Selbstlaut (Vokal)** und als Mitlaut (Konsonant) danach nur ein **z**, schreibst du **tz**:

das Ne**tz**

die Gla**tze**

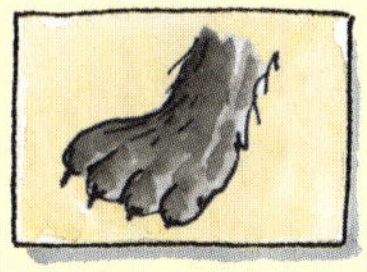
die Ta**tze**

Ein **tz** ist die Verdoppelung von **z**.

Vervollständige die Sätze.

Für kk schreibe ich ________________.

Für zz schreibe ich ________________.

Am Zeilenende kannst du **tz** trennen:

die Ka**t-z**en, wir schwi**t-z**en

Ein **ck** bleibt immer zusammen und geht in die neue Zeile:

die Ja**-ck**e, wir pa**-ck**en

Lange Selbstlaute (Vokale)

Erinnere dich: Endet eine **Silbe** mit einem **Selbstlaut (Vokal)**, so klingt der **Selbstlaut (Vokal)** lang:

die Na se, die Fe der, die Ho se

Der Selbstlaut am Ende der **Silbe** kann auch ein **Umlaut** oder ein **Zwielaut (Doppellaut)** sein:

die Sä ge, die Krö te, die Rü be

der Beu tel, die Lei ter, die Pau se

Wörter mit langem i als ie

Wörter mit **langem i** werden meistens mit **ie** geschrieben:

der Br**ie**f, sp**ie**len, v**ie**r

Das **e** zeigt dir, dass du den **i-Laut** lang sprechen musst.

Wörter mit langem i ohne ie

Es gibt einige Wörter mit **langem i**, die nicht mit **ie** geschrieben werden:

der T**i**ger, die Law**i**ne, das K**i**no

Wörter mit **langem i ohne ie** sind **Merkwörter**.
Wörter mit **ih** kannst du dir leicht merken.
Mit **ih** schreibst du alle Formen der **Pronomen ihr** und **ihn**.

Schreibe auf, wie du dir Merkwörter gut einprägen kannst.

___

___

Wörter mit silbentrennendem h

Endet eine **Silbe** mit einem **Selbstlaut (Vokal)** und fängt die **nächste Silbe** mit einem **Selbstlaut (Vokal)** an, wird zwischen die beiden Silben meistens ein **h** geschrieben:

die Kü**h**e ziе**h**en

Das **silbentrennende h** wird in allen Formen des Wortes geschrieben:

ge**h**en – er ge**h**t – der Ge**h**weg

Wörter mit hl, hm, hn und hr

Zwischen einem **langen Selbstlaut (Vokal)** und den Mitlauten (Konsonanten) **l**, **m**, **n**, **r** kann ein **Dehnungs-h** stehen:

der Stu**hl**, za**hm**, der So**hn**, se**hr**

Steht ein **hl**, **hm**, **hn** oder **hr** im **Wortstamm**, schreibst du es bei allen Wörtern der **Wortfamilie**.

fa**hr**en – er fä**hr**t – die Fa**hr**t – fa**hr**bereit
wo**hn**en – sie wo**hn**t – die Wo**hn**ung – wo**hn**lich

Wörter mit **hl**, **hm**, **hn** und **hr** sind **Merkwörter**.

Wörter mit aa, ee, oo

Langes **a**, **e** und **o** wird in ganz wenigen Wörtern **doppelt** geschrieben: das H**aa**r, der Kl**ee**, das B**oo**t

Wörter mit **aa**, **ee** und **oo** sind **Merkwörter**.

Fehler finden

Wenn du deine Wörter oder Texte auf Fehler überprüfen möchtest, können dir diese Tipps helfen:

Schritt 1:
Lies deinen Text Wort für Wort, auch rückwärts und sprich jedes Wort in Silben:

Klassenvertrag

Schritt 2:
Markiere die Stellen, bei denen du dir nicht sicher bist:

Kla<u>ss</u>en<u>v</u>ertrag

Schritt 3:
Kannst du dir die Schreibung erklären?

Wenn ich nach einem kurzen Selbstlaut nur einen Mitlaut höre, muss ich den Mitlaut verdoppeln.

Die Vorsilbe ver- schreibt man mit v.

Schritt 4:
Wenn du unsicher bist, schlage in einem **Wörterbuch** nach.

Prüfe außerdem:
Hast du die Satzzeichen gesetzt?
Hast du alle Satzanfänge großgeschrieben?
Hast du alle Punkte über den Umlauten gesetzt?

Ist dir ein Fehler passiert? Lass kein Wort falsch stehen. Verbessere den Fehler!

Nachschlagen

Niemand kann sich die richtige Schreibung aller Wörter merken. Deshalb gibt es Wörterbücher und Wörterlisten zum Nachschlagen.

In einem Wörterbuch sind die Wörter nach dem **Abc** geordnet.
Schritt 1: Sprich dir das Wort deutlich vor und überlege, mit welchem Buchstaben das Wort beginnt:

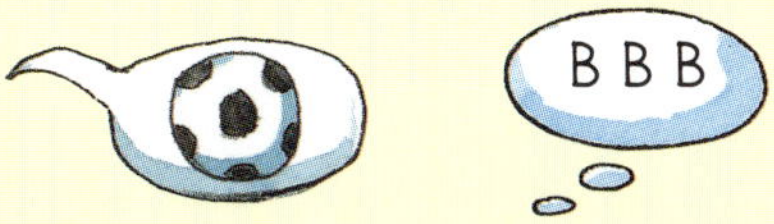

Schritt 2: Überlege, an welcher Stelle der Buchstabe im **Abc** steht:

vorn in der Mitte hinten

Schritt 3: Suche den Anfangsbuchstaben im Wörterbuch.

Schritt 4: Beachte den zweiten Buchstaben und finde das Wort.

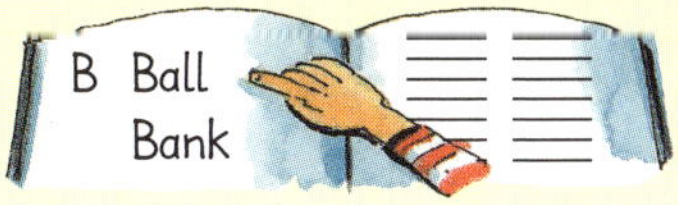

Nomen und **Verben** stehen in der **Grundform** im Wörterbuch:

die **Flüsse**	steht unter	der **Fluss**
er **sang**	steht unter	**singen**

Zusammengesetzte Wörter musst du zuerst zerlegen und dann die einzelnen Wörter suchen:
der **Klassenvertrag** steht unter die **Klasse**, der **Vertrag**

Die **Umlaute ä**, **ö**, **ü** und **äu** werden wie die **Selbstlaute a**, **o**, **u** und **au** eingeordnet.
Der Buchstabe **ß** wird nach dem **s** eingeordnet.

Wortbausteine

Aus **Wortbausteinen** können Wörter gebildet werden.
Es gibt vier Arten von **Wortbausteinen**:

der	ge	fähr	lich	e	Löwe
	Vorsilbe	Stamm	Nachsilbe	Endung	

Wenn du weißt, wie ein Baustein geschrieben wird, kannst du das ganze Wort richtig schreiben.

Der Wortstamm und die Wortfamilie

Der wichtigste Baustein eines Wortes ist der **Wortstamm**:

Wörter, die denselben **Wortstamm** haben, gehören zu einer **Wortfamilie**. Man nennt sie auch **verwandte Wörter**.

Manchmal ändern sich die **Selbstlaute (Vokale)** im **Wortstamm**:

der Schutz	beschützen	die Knieschützer
fahren	sie fährt	die Fahrt
laufen	der Wettlauf	er läuft

Finde den Wortstamm und kreise ihn ein.
Welche Selbstlaute (Vokale) haben sich verändert?
Markiere sie farbig.

Die Endung

1 2
3 4

Nomen, **Verben** und **Adjektive** kann man verändern.
Der **Wortstamm** bleibt gleich. Was beim Verändern hinzugefügt wird, nennt man **Endung**:

Die Kinder springen in die großen Pfützen.

Bildest du von einem **Nomen (Substantiv)** die **Mehrzahl**, benötigst du oft eine **Endung**:

ein Kind – viele Kinder
eine Pfütze – viele Pfützen

Bildest du von einem **Verb** die **Personalform (gebeugte Form)**, benötigst du eine **Endung**:

ich springe – du springst – er springt – wir springen

Bildest du von einem **Adjektiv** die **Vergleichsstufe** oder setzt du es zwischen einen **Artikel** und ein **Nomen (Substantiv)**, benötigst du eine **Endung**:

groß – größer – am größten
die große Pfütze – die großen Pfützen

Kennst du schon alle Endungen von den Personalformen (gebeugten Verbformen)? Wähle ein Verb aus und ergänze die passende Endung.

ich ______________	wir ______________
du ______________	ihr ______________
er, sie ______________	sie ______________

Vor und nach dem **Wortstamm** können andere **Wortbausteine** stehen:

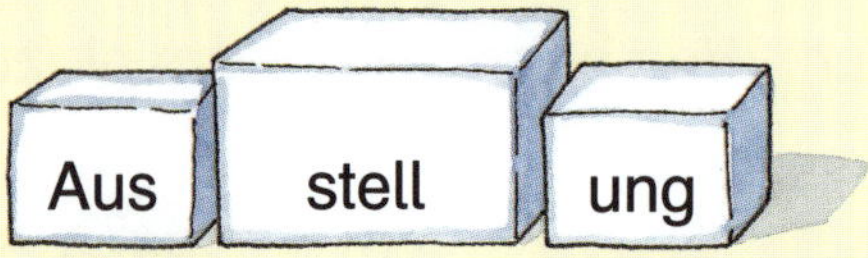

Vorsilbe Nachsilbe

Wortbausteine, die vor den **Wortstamm** gesetzt werden, heißen **Vorsilben. Wortbausteine**, die an den **Wortstamm** angehängt werden, heißen **Nachsilben**.

Vorsilben

Treffen bei der Wortbildung zwei gleiche **Laute** zusammen, schreiben wir beide:

ver- und **r**echnen → ve**rr**echnen
au**s**- und **s**tellen → au**ss**tellen
b**e**- und **e**nden → b**ee**nden

Viele Wörter haben die **Vorsilbe ent-**:

die **Ent**scheidung	wir **ent**decken	wir **ent**wickeln
Vorsilbe	Vorsilbe	Vorsilbe

Achtung: Wenn ein Wort mit dem Wort **Ende** verwandt ist, ist das keine Vorsilbe sondern der **Wortstamm**. Er wird mit **-d** geschrieben:

die **End**runde	der **End**stand	**end**lich
Wortstamm	Wortstamm	Wortstamm

Mit der **Vorsilbe un-** kannst du **Gegensatzpaare** bilden:

Un- + der Sinn → der **Un**sinn
un- + ruhig → **un**ruhig

Nachsilben

Mit den **Nachsilben -chen** und **-lein** kannst du **Nomen (Substantive)** verkleinern:

das Haus → das Häus**chen**
der Ring → das Ring**lein**

Mit den **Nachsilben -ung**, **-heit**, **-keit**, **-nis**, **-schaft** und **-tum** kannst du **Nomen (Substantive)** bilden:

rechnen → die Rechn**ung**
weise → die Weis**heit**
ehrlich → Ehrlich**keit**
erleben → Erleb**nis**
wissen → Wissen**schaft**
reich → Reich**tum**

Mit den **Nachsilben -ig**, **-lich**, **-isch** und **-bar** kannst du **Adjektive** bilden:

der Mut → mut**ig**
das Herz → herz**lich**
der Sturm → stürm**isch**
trinken → trink**bar**

Welche Bausteine kannst du mit dem Wortstamm **-fahr-** zusammensetzen? Male an.

Nomen (Substantive)

Die Eigenschaften von **Nomen (Substantive)** kannst du dir bei Wörtern wie Junge, Maus, Blume oder Buch verdeutlichen.

der **J**unge

die **M**aus

die **B**lume

das **B**uch

Nomen (Substantive) haben eine Einzahl und eine Mehrzahl. Sie haben ein Geschlecht und vier Fälle.

Nomen (Substantive) schreibt man mit einem **großen Anfangsbuchstaben**.

Die meisten Nomen (Substantive) gibt es in der **Einzahl** und in der **Mehrzahl**. Wenn du nicht sicher weißt, ob ein Wort ein Nomen (Substantiv) ist, bilde zu dem Wort die Mehrzahl:

ein **H**und → viele **H**unde
eine **K**atze → viele **K**atzen
ein **Pf**erd → viele **Pf**erde

Man nennt **Einzahl** und **Mehrzahl** auch **Singular** und **Plural**.

Für manche **Nomen (Substantive)** gibt es nur eine **Einzahl (Singular)** oder nur eine **Mehrzahl (Plural)**. Dann hilft dir die Artikelprobe: Zu jedem Nomen passt ein **Artikel**.

Artikel

1 2
3 4

Zu jedem **Nomen (Substantiv)** gibt es einen **Begleiter**. Man nennt ihn **Artikel**.

Es gibt **bestimmte Artikel: der, die, das:**

der Junge, **die** Maus, **das** Buch

Es gibt **unbestimmte Artikel: ein, eine, ein:**

ein Junge, **eine** Maus, **ein** Buch

Schau genau hin. Wann benutzt man den bestimmten und wann den unbestimmten Artikel?

____

____

____

1 2
3 4

An seinem **bestimmten Artikel** kannst du das **Geschlecht** eines **Nomens (Substantivs)** erkennen.
Nomen (Substantive) mit dem Artikel **der** sind **männlich**:

der Baum, **der** Tag, **der** Hund

Nomen (Substantive) mit dem Artikel **die** sind **weiblich**:

die Blume, **die** Sonne, **die** Katze

Nomen (Substantive) mit dem Artikel **das** sind **sächlich**:

das Buch, **das** Jahr, **das** Pferd

Zusammengesetzte Nomen

Zusammengesetzte Nomen (Substantive) bestehen aus einem **Bestimmungswort** und einem **Grundwort**.
Das **Bestimmungswort** steht zuerst. Es macht das **Grundwort** genauer:

der Fußball

der Federball

der Wasserball

Grundwort: der Ball
Bestimmungswörter: der Fuß, die Feder, das Wasser

Das Geschlecht des **Artikels** richtet sich nach dem **Grundwort**.

Vertausche Grundwort und Bestimmungswort.
Schreibe das neue Wort mit Artikel auf.

die Eiswaffel oder ____________________

die Bärennase oder ____________________

Das **Bestimmungswort** kann auch ein **Verb** oder ein **Adjektiv** sein:

schwimmen + die Halle → die Schwimmhalle
hoch + das Haus → das Hochhaus

Manchmal musst du noch einen Buchstaben **(Fugenlaut)** einfügen:

der Umzug + der Wagen → der Umzug**s**wagen
schlafen + die Zeit → die Schlafen**s**zeit
die Hilfe + bedürftig → hilf**s**bedürftig

Die vier Fälle des Nomens

1 2
3 4

Ein **Nomen (Substantiv)** kommt in verschiedenen Formen vor. Sie richten sich danach, an welcher Stelle im Satz das **Nomen (Substantiv)** steht:

Der Hund sitzt im Gras.
Die Pfoten **des Hundes** sind weiß.
Ein Junge gibt **dem Hund** Wasser.
Der Junge streichelt **den Hund**.

Die verschiedenen Formen nennt man **Fälle des Nomens.**

1 2
3 4

Die vier Fälle des **Nomens (Substantivs)** heißen:

1. Fall (Nominativ):

der Hund	die Katze	das Kaninchen

2. Fall (Genitiv):

des Hundes	der Katze	des Kaninchens

3. Fall (Dativ):

dem Hund	der Katze	dem Kaninchen

4. Fall (Akkusativ):

den Hund	die Katze	das Kaninchen

1 2
3 4

Nach den vier Fällen fragen wir mit bestimmten Fragewörtern:

1. Fall (Nominativ):
   Wer oder **was** sitzt im Gras? → der Hund
2. Fall (Genitiv):
   Wessen Pfoten sind weiß? → des Hundes
3. Fall (Dativ):
   Wem gibt der Junge Wasser? → dem Hund
4. Fall (Akkusativ):
   Wen oder **was** streichelt der Junge? → den Hund

Pronomen

Pronomen sind Wörter, mit denen man **Nomen (Substantive)** oder Namen ersetzen kann:

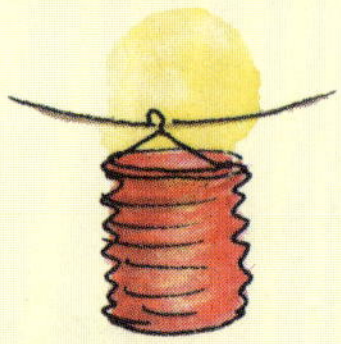

Der Apfel ist rot. **Er** schmeckt süß.

Die Laterne leuchtet hell. **Sie** wackelt im Wind.

Das Auto fährt schnell. **Es** hupt laut.

Es gibt **Pronomen** in der **Einzahl**: **ich, du, er, sie, es.**

Es gibt **Pronomen** in der **Mehrzahl**: **wir, ihr, sie.**

Mit Pronomen kannst du in einem Text Wiederholungen vermeiden.

Ich fahre am Samstag mit meinem Fahrrad zum Bauernhof. Das Fahrrad ist ganz neu. Dort möchte ich Äpfel pflücken. Die Äpfel sind dann ganz frisch. Dafür besorge ich mir noch einen Korb, der Korb muss auf das Fahrrad passen.

Finde die Nomen, die wiederholt werden.
Welche Pronomen können die Nomen ersetzen?

____

____

____

Im Text kommt noch ein Pronomen dreimal vor.
Findest du es?

Verben

Die Eigenschaften von **Verben** kannst du dir an Wörtern wie hüpfen, springen, regnen verdeutlichen.

wir hüpfen
wir springen
es regnet

Verben haben verschiedene **Personalformen** und verschiedene **Zeitformen**.

Wenn man sagen will, wer etwas tut, verwendet man eine **Personalform**. **Personalformen** haben unterschiedliche **Endungen**. Man hängt sie an den **Wortstamm** an:

ich	lach	**e**
du	lach	**st**
er	lach	**t**
wir	lach	**en**
ihr	lach	**t**
sie	lach	**en**

Male ein Bild von dir und schreibe auf, was du gerne machst.

Was machen deine Freunde gern?

Was macht ihr gerne zusammen?

Verben können in verschiedenen **Zeitformen** stehen.

Die Zeit, die wir gerade erleben, nennt man **Gegenwart**.
Sie drückt aus, dass etwas geschieht.

er streichelt

er hüpft

er schwimmt

Die Zeitform der Gegenwart heißt **Präsens**.

Das Präteritum

Die Zeit früher nennt man **Vergangenheit**.
Sie drückt aus, dass etwas geschah.

er streichelte

er hüpfte

er schwamm

Diese Zeitform der Vergangenheit heißt **Präteritum**.

Im **Präteritum** verändert sich die **Endung** der **Verben**.

Heute:	**Früher:**
ich lebe	ich lebte
du lebst	du lebtest
wir leben	wir lebten

Bei vielen **Verben** ändert sich im **Präteritum** auch der **Wortstamm**:

Heute:	**Früher:**
ich g**e**he	ich g**i**ng
ich g**e**be	ich g**a**b
ich l**au**fe	ich l**ie**f

Es gibt verschiedene Vergangenheitsformen.
In der **geschriebenen Sprache** benutzt man meistens das **Präteritum**:

ich spielte, ich kaufte

In der **gesprochenen Sprache** benutzt man meistens das **Perfekt**:

ich habe gespielt, ich habe gekauft

Das Perfekt

Das **Perfekt** drückt aus: Etwas **ist geschehen**.
Das **Perfekt** besteht aus **zwei Teilen**.

ich	**habe**	**ge**zaubert
du	**hast**	**ge**zaubert
er	**hat**	**ge**zaubert
wir	**haben**	**ge**zaubert
ihr	**habt**	**ge**zaubert
sie	**haben**	**ge**zaubert

ich	**bin**	**ge**flogen
du	**bist**	**ge**flogen
er	**ist**	**ge**flogen
wir	**sind**	**ge**flogen
ihr	**seid**	**ge**flogen
sie	**sind**	**ge**flogen

Auch im **Perfekt** ändert sich bei vielen **Verben** der **Wortstamm**.
Kannst du ein Verb ergänzen?

Präsens: ich schw**i**mme ____________________

Präteritum: ich schw**a**mm ____________________

Perfekt: ich bin geschw**o**mmen ____________________

Das Futur

Die Zeit, die noch vor uns liegt, heißt **Zukunft**. Sie drückt aus, dass etwas geschehen wird.

Wenn ich erwachsen bin, **werde ich** Auto **fahren**.
Nächstes Jahr **werden wir** nach Amerika **fliegen**.

Die **Zeitform** der Zukunft heißt **Futur**.

Das **Futur** besteht aus **zwei Teilen**. Es wird mit der gebeugten Form von **werden** und dem Verb in der **Grundform** gebildet:

ich	**werde**	**reisen**
du	**wirst**	**reisen**
er	**wird**	**reisen**
wir	**werden**	**reisen**
ihr	**werdet**	**reisen**
sie	**werden**	**reisen**

Was wirst du in den Ferien alles tun? Zähle auf:

Trennbare Verben

Verben mit **Vorsilben** wie **ab-**, **an-**, **auf-**, **vor-**, **nach-** werden im Satz oft getrennt:

anmalen → Aylin **malt** die Wand **an**.
aufhängen → Luka **hängt** das Poster **auf**.

Welches Känguru läuft vor, welches Känguru läuft nach? Schreibe die Verben in der Grundform.

______________________ ______________________

Der Imperativ

Von **Verben** gibt es auch eine **Befehlsform**. Man nennt sie **Imperativ**. Mit dem **Imperativ** wird jemand aufgefordert, etwas zu tun:

Halt an! Fahr weiter! Lach nicht!

Das Verb steht am **Satzanfang**.
Am **Satzende** steht oft ein **Ausrufezeichen**.

Zähle Situationen auf, in denen häufig der Imperativ benutzt wird:

____

____

Adjektive

1 2
3 4

Die Eigenschaften von Adjektiven kannst du dir an Wörtern wie klein oder oder rot verdeutlichen.

Die Tanne ist **klein.**
die **kleine** Tanne

Das Heft ist **rot.**
das **rote** Heft

Adjektive kann man zwischen den **Artikel** und das **Nomen (Substantiv)** setzen. Sie bestimmen dann das **Nomen (Substantiv)** näher.

Wenn **Adjektive** vor ein **Nomen (Substantiv)** gesetzt werden, erhalten sie eine Endung (-e, -em, -en, -er oder -es)

Grundform:	**Endung:**
rund	die rund**e** Melon**e**
reif	mit reif**em** Obst
süß	die süß**en** Bananen
saftig	ein saftig**er** Apfel
scharf	ein scharf**es** Messer

Adjektive können auch bei einem **Verb** stehen.
Dann geben sie an, **wie** jemand etwas tut:

schnell laufen

langsam gehen

still stehen

Der Junge läuft **schnell.**
Der Junge geht **langsam.**
Der Junge steht **still.**

Gegensatzpaare

Zu vielen **Adjektiven** gibt es einen **Gegensatz**:

groß klein heiß kalt sauer süß

Adjektive mit Wortbausteinen

Erinnere dich: Mit den **Nachsilben -ig**, **-lich** und **-isch** kannst du aus anderen Wörtern **Adjektive** bilden:

der Mut	+ **-ig**	→	mut**ig**
der Freund	+ **-lich**	→	freund**lich**
das Kind	+ **-isch**	→	kind**isch**

Setze dieses Adjektiv mit der Vorsilbe **un-** zusammen:

un- + ordent**lich** → ______________________

Was für ein Paar hast du gebildet?

____

Zusammengesetzte Adjektive

Zusammengesetzte Adjektive bestehen aus einem **Bestimmungswort** und einem **Grundwort**:

süß wie Zucker	→	zuckersüß
weich wie Butter	→	butterweich
schnell wie der Blitz	→	blitzschnell

Das **Bestimmungswort** beschreibt das **Grundwort** näher.

Steigerung von Adjektiven

Mit den meisten **Adjektiven** kann man vergleichen.
Dazu müssen sie **gesteigert** werden:

Lexi läuft	schnell.
Das Pferd läuft	schneller.
Der Gepard läuft	am schnellsten.

Bei der **Steigerung** gibt es die **Grundstufe**, die erste **Vergleichsstufe (Mehrstufe)** und die **zweite Vergleichsstufe (Meiststufe)**:

schnell	schneller	am schnellsten
Grundstufe	1. Vergleichsstufe	2. Vergleichsstufe

Bei der **ersten Vergleichsstufe** hängt man **-er** an die **Grundstufe**. Bei der **zweiten Vergleichsstufe** hängt man **-st** oder **-est** an die **Grundstufe**:

klein	klein**er**	am klein**sten**
hell	hell**er**	am hell**sten**
breit	breit**er**	am breit**esten**
Grundstufe	1. Vergleichsstufe	2. Vergleichsstufe

Achtung: Der **Wortstamm** kann sich bei der Steigerung **ändern**:

gr**o**ß	gr**ö**ßer	am gr**ö**ßten
alt	**ä**lter	am **ä**ltesten
am j**ü**ngsten	j**ü**nger	j**u**ng

Wenige **Adjektive** haben **unregelmäßige Vergleichsformen**:

viel	mehr	am meisten
gut	besser	am besten
gern	lieber	am liebsten

Unregelmäßige Vergleichsformen musst du dir merken.

Was schmeckt dir gut, was schmeckt dir besser, was schmeckt dir am besten?

____

____

Was tust du gern, was tust du lieber, was tust du am liebsten?

____

____

Manche **Adjektive** lassen sich **nicht steigern**.

Dazu gehören **Adjektive** für **Farben**:

rot, gelb, grün, blau, schwarz, weiß

Dazu gehören **Adjektive** für **geometrische Formen**:

rund, dreieckig, viereckig, quadratisch

Und dazu gehören **Adjektive**, die von der **Bedeutung** her keine Steigerung zulassen:

blind, stumm, lebendig, tot

Sätze und Satzzeichen

Sätze werden am **Satzanfang großgeschrieben**.
Mit Sätzen kann man etwas aussagen, etwas fragen oder jemanden zu etwas auffordern:

Am Ende eines **Aussagesatzes** steht ein **Punkt**:

Ich heiße Roberta.
Ich komme aus Italien.

Am Ende eines **Fragesatzes** steht ein **Fragezeichen**:

Wie heißt du?
Woher kommst du?

Am Ende eines **Aufforderungssatzes** steht oft ein **Ausrufezeichen**:

Setz dich neben mich!

Ausrufesätze drücken auch Freude, Angst, Erschrecken oder andere Gefühle aus. Auch dann schreibt man am Satzende ein **Ausrufezeichen**:

Oh, prima!

Die wörtliche Rede

Wenn man aufschreibt, was jemand sagt, heißt das **wörtliche Rede**. Die wörtliche Rede setzt man in **Redezeichen** (Anführungszeichen). Vor der wörtlichen Rede steht ein **Begleitsatz** mit einem **Doppelpunkt**:

Die Krähe sagt:	„Komm heraus!“
Die Maus sagt:	„Nein, ich komme nicht.“
Begleitsatz	wörtliche Rede

Durch den **Begleitsatz** erfahren wir, wer spricht.

Der **Begleitsatz** kann auch nach der **wörtlichen Rede** stehen. Zwischen der **wörtlichen Rede** und dem **nachgestellten Begleitsatz** steht dann ein **Komma**:

„Komm heraus!“,	sagt die Krähe.
„Nein, ich komme nicht“,	sagt die Maus.
wörtliche Rede	Begleitsatz

Endet die wörtliche Rede mit einem **Punkt**, fällt dieser weg. Endet die wörtliche Rede mit einem **Ausrufezeichen** oder einem **Fragezeichen**, bleibt das Satzzeichen stehen.

Wie könnte das Gespräch zwischen der Krähe und der Maus weitergehen? Benutze die wörtliche Rede und denke an die richtigen Satzzeichen.

____

____

____

Das Komma bei Aufzählungen

1 2
3 4

Bei einer **Aufzählung** trennt das **Komma** einzelne Wörter oder Wortgruppen voneinander:

Lexi packt **eine Karte**, **eine Taschenlampe**, **ein Buch** und zwei Schals in den Rucksack.

Lexi will in den Ferien **ein Buch lesen**, **im Wald wandern**, **eine Höhle erforschen** oder einen Berg besteigen.

Vor **und** und **oder** steht kein Komma.

Das Komma vor Konjunktionen (Bindewörtern)

1 2
3 4

Sätze lassen sich durch **Konjunktionen (Bindewörter)** wie zum Beispiel **weil**, **während**, **wenn**, **dass**, **damit**, **obwohl**, **nachdem**, **bevor** miteinander verbinden:

Lexi packt seinen Rucksack.	Er fährt in Urlaub.
Lexi packt seinen Rucksack,	**weil** er in Urlaub fährt.
Lexi liest ein Buch.	Er fährt mit dem Zug.
Lexi liest ein Buch,	**während** er mit dem Zug fährt.
Lexi hat eine Karte.	Er kennt den Weg.
Lexi hat eine Karte,	**obwohl** er den Weg kennt.
Lexi hält eine Taschenlampe.	Er sieht im Dunkeln.
Lexi hält eine Taschenlampe,	**damit** er im Dunkeln sieht.

Zwischen den Sätzen steht ein **Komma**.

Satzglieder

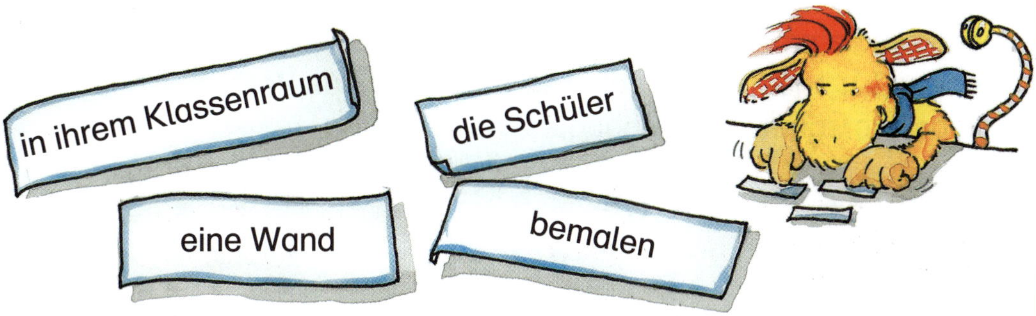

Sätze sind aus **Satzgliedern** zusammengesetzt. Die einzelnen **Satzglieder** kann man **umstellen**.

Die Schüler | bemalen | in ihrem Klassenraum | eine Wand .

Eine Wand | bemalen | die Schüler | in ihrem Klassenraum .

In ihrem Klassenraum | bemalen | die Schüler | eine Wand .

Stelle die Satzglieder in diesem Satz um:
Der Junge gibt dem Mädchen einen Pinsel.

____

____

____

____

Satzglieder kann man durch gleichwertige Satzglieder **ersetzen**:

Josefine hat viel Spaß beim Malen.

Sie hat viel Spaß beim Malen.

Das Mädchen hat viel Spaß beim Malen.

Das Prädikat

1 2 3 4

Jeder Satz hat ein **Prädikat**. Das Prädikat sagt uns, **wer etwas tut** oder **was geschieht**. Es enthält das **Verb** in der Personalform (gebeugtes Verb):

Was geschieht?

Enes und Lea	**suchen**	ein Buch in der Bücherei.
Enes	**greift**	nach dem Buch.
Ein Buch	**fällt**	auf den Boden.

Man nennt das **Prädikat** auch **Satzkern**.

Der **Satzkern** bestimmt, welche anderen **Satzglieder** ergänzt werden können:

Verbinde die Prädikate mit passenden Ergänzungen.

Die Boote	scheint.		
Die Sonne	schaukeln	die Vögel	mit Brot.
Eine Frau	füttert	auf den Wellen.	

Das Subjekt

Ein weiteres **Satzglied** ist das **Subjekt**. Es sagt, **wer** oder **was** etwas tut:

Wer sucht ein Buch?
Wer greift nach dem Buch?
Was fällt auf den Boden?

Enes und Lea suchen ein Buch.
Enes greift nach dem Buch.
Ein Buch fällt auf den Boden.

Das **Subjekt** und das **Prädikat** sind eng verbunden:

Manche Sätze sind mit **Prädikat** und **Subjekt** nicht vollständig:

Enes sucht.
Lea hilft.
Enes nimmt.
Lea gibt.

Diese Sätze brauchen noch weitere Satzglieder.
Wir nennen sie **Objekte** oder **Satzergänzungen**.

Das Akkusativobjekt

Die **Satzergänzung** im **4. Fall** antwortet auf die Frage **wen?** oder **was?**. Man nennt sie **Akkusativobjekt**:

Lina bewundert die kleinen Ferkel im Stall.

Wen bewundert Lina? → **die kleinen Ferkel**

Der Postbote streichelt den Hund.

Wen streichelt der Postbote? → **den Hund**

Herr Seifert trägt ein schwarzes Hemd.

Was trägt Herr Seifert? → **ein schwarzes Hemd**

Das Dativobjekt

Die **Satzergänzung** im 3. Fall antwortet auf die Frage **wem?**.
Man nennt sie **Dativobjekt**:

Max hilft einer alten Dame über die Straße.

Wem hilft Max über die Straße? → **einer alten Dame**

Ich gebe meiner Cousine ein Buch.

Wem gebe ich ein Buch? → **meiner Cousine**

Maria schenkt ihrem Vater Socken.

Wem schenkt Maria Socken? → **ihrem Vater**

Die adverbiale Bestimmung

1 2
3 4

In vielen Sätzen gibt es **adverbiale Bestimmungen**.
Sie antworten auf die Frage **wann, wo, wohin** … .

Alinas Vater arbeitet auf dem Bauernhof.
Wo arbeitet Alinas Vater?
→ **auf dem Bauernhof**

Paula geht jeden Mittwoch schwimmen.
Wann geht Paula schwimmen?
→ **jeden Mittwoch**

Familie Hartmann fährt im Sommer an die Nordsee.
Wohin fährt Familie Hartmann?
→ **an die Nordsee**

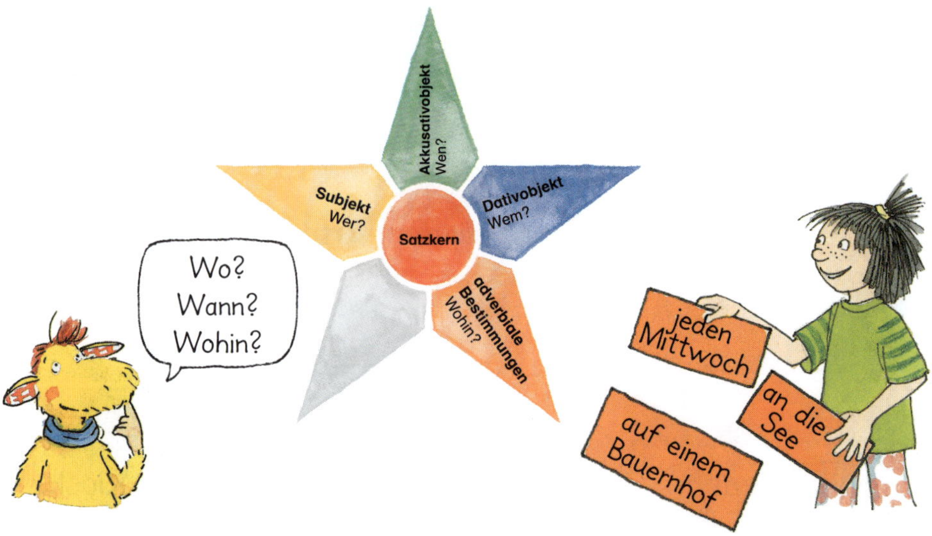

Adverbiale Bestimmungen werden oft **eingeleitet mit** Wörtern wie **in, mit, auf, an** … . Diese Wörter nennt man **Präpositionen**.

Präpositionen

Präpositionen sind Wörter wie **in, auf, zu, über, durch, vor**.
Sie stehen immer zusammen mit anderen Wörtern, sehr oft mit **Nomen (Substantiven)**:

in auf unter neben

Die Klasse 3 a hat einen Fahrradparcours aufgebaut. Beschreibe den Weg in Stichwörtern, benutze dabei die Präpositionen.

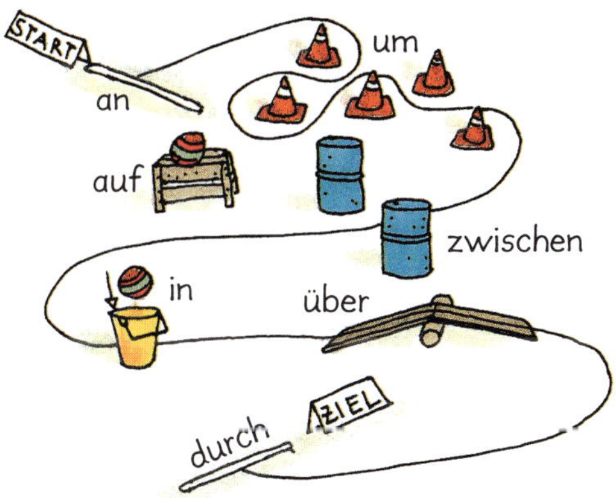

Manche **Präpositionen** können mit dem **Artikel** zu einem Wort verschmelzen:

bei	+	dem	→	**beim**	Wir treffen uns **beim** Kiosk.
zu	+	dem	→	**zum**	Wir fahren **zum** Freibad.
an	+	dem	→	**am**	Wir liegen **am** Strand.
in	+	dem	→	**im**	Wir baden **im** See.

Auf einen Blick

Die Wortarten

Substantive (Nomen):	Artikel:	Pronomen:	Verben:	Adjektive:	Präpositionen:
Kind, Baum, Hund, Stein, Glück	die, der, das, ein, eine	ich, du, er, sie, es, wir, ihr, sie	lachen, warten, gehen	rot, mutig, schön, freundlich	an, in, auf, zwischen, unter, um

Der Satzstern

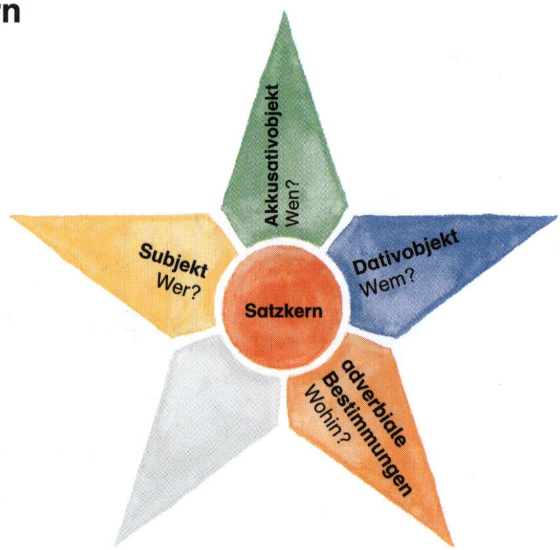

Was mir noch wichtig ist: